Huit
QUEBEC
GW00729211
MONTREAL
PARIS
NOM: Surname RIBET
PRENOMS: christian name JACQUES
NE LE: Date: 7 JANVIER 1970
A: Place of BIRTH: TOURS
PROFESSION: ETUDIANT
SAMEDI
Paris, Jacques arrive
l'aéroport. Il va au
anada ... au Québec.
ROISSY
CHARLES DE GAULL
ROISSY-RAIL
ROISSY-RAIL

DEFENSE DE FUMER
AIR CANADA
Quelle heure est-il? Onze heures. Tu quittes Paris dans une heure.
Regarde ... Air Canada!
DEPARTS
AIR FRANCE 11.50 NEW YOR PORTE 15
AIR CANADA 12.00 MONTRE PORTE 6
AIR CANADA ..... MONTREAL... .... 12. HEURES PORTE NUMERO SIX.....
Bon voyage, Jacques. Tu as le billet?
Oui, Maman.
CONTROLE DES PASSEPORTS
Passeport, s'il vous plaît.
Jacques quitte Pa à midi ... et arrive au Québec à deux heures!

A Montréal, l'aéroport
s'appelle Mirabel.
ORTIE
EXIT
onjour, Jacques.
Ça va?
Bonjour, Monsieur.
Ça va, merci.
C'est la famille Rouleau.
La famille Rouleau habite à
Montréal dans un appartement
près de la Maison Radio-Canada.

Dimanche, Jacques va à un match de hockey sur glace.

Lundi, il est touriste. Il visite l'église Notre-Dame et ...

... à la place Jacques Cartier, il cherche la colonne Nelson.

Mardi, il va dans le métro. Il visite le stade Olympique de 1976.

MERCREDI
CORN FLAKES
Mercredi, il regarde la télé au petit déjeuner! C'est un film sur le «ski-doo».
JEUDI
Jeudi, il regarde les cafés-terrasses ... et il achète un hot-dog.
VENDREDI
Vendredi, il va au port. Le fleuve s'appelle le Saint-Laurent.
samedi? Samedi il quitte Montréal. Lundi, il va au collège!
AIR CANADA
SAMEDI

ACTIVITES BIBLIOBUS

A

There is a lot of information about Canada in the story. Can you find the names of:

1. the capital of Quebec
2. the airport at Montreal
3. the airline
4. a radio station
5. a church
6. a monument in Jacques Cartier square
7. a famous sports centre
8. a sport like tobogganing
9. a river

B

Look at the pictures. Choose the right word (a or b) to go with each picture.

1. 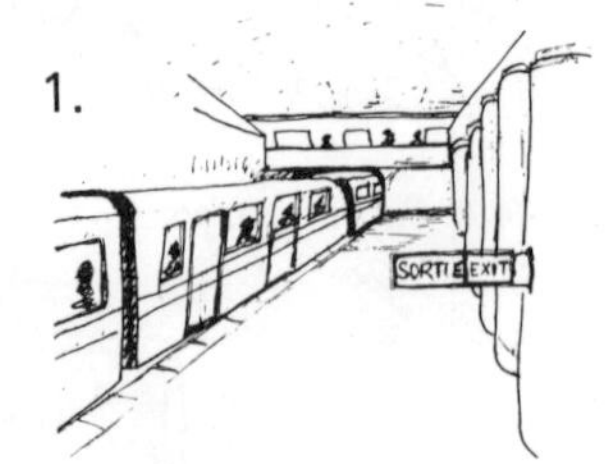

   a. le métro
   b. un mètre

2. 

   a. un aéroport
   b. un appartement

3. 

   a. la porte
   b. le port

4. 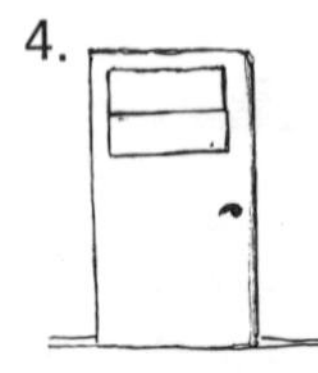

   a. sortie
   b. sorte

5. 

   a. une église
   b. une école

L'ACCIDENT

SAMEDI
SAMEDI 14 MAI
PODIUM
SALUT
C'est samedi.Emile déteste le
samedi.Philippe regarde la
élévision. Michèle dessine.

uelle heure
st-il ? Onze
eures! Ecoutez,
vais au supermarché
ec maman. D'accord?
Oui, Papa.

Ecoute, Emile! Tu restes avec Philippe et Michèle.OK?
Oui, Papa.
Je déteste le samedi.

MONSIEUR DEBRE QUITTE LA MAISON ET IL VA AU SUPERMARCHE AVEC MADAME DEBRE.

PHILIPPE REGARDE LA TELEVISION.
MICHELE DESSINE. ET EMILE ...?

Emile regarde la porte. C'est ouvert.
Hi, hi !
Emile quitte la maison.
l est content...
il marche dans la rue...
il danse...
chante...
il joue avec un chien...
il achète du chocolat.

Emile arrive devant le supermarché SOLOPRIX. Mais... voilà maman et papa... à la caisse!
RUE DE PASSY
RUE DE LYON
SOLOPRIX
CAISSE
BOUM SUR LES PRIX
Merci, Madame, et au revoir.
1F!
ENTREE
SORTIE
PIETONS
PASSEZ
10F
Emile va dans la rue... mais... une voiture arrive!
ATTENDEZ
PIETONS
PASSEZ
SORTIE
Café Des Amis
252 BB 75
335 AGA 95

252 BB 75
335 AGA 95
CRASH
A la
naison.
est une
heure...
Où est Emile ?
Chut!
e regarde
a télé!
Un accident devant le supermarché SOLOPRIX...
14 MAI

ACTIVITES BIBLIOBUS

A **This bulletin of Emile's accident was heard on the news in Britain. There are five mistakes. Can you spot them?**

". . . And now a sad story from France. On Sunday, a young boy, Emile Dupont, walked out of his home because he was bored. His parents had gone shopping at the local supermarket, Soloprix. Emile wanted to play table-tennis, but his brother was watching television and his sister was writing. So, seeing the door open, he went out to play. Later on, he was behind the supermarket, when he saw his parents coming out. He tried to hide from them and backed into the road into the path of a car. His condition is critical."

B **Work out the five words hidden in the circles. They are all in the story and they begin with the letter in the middle. You will find:**

a shop
an animal
a vehicle
a day
a sweet

1. T H A C O L O C

2. H N C I E

3. U T R V E I O

4. E M S D A I

5. R C H É E A S U M R E P

Huit jours au QUEBEC

A

There is a lot of information about Canada in the story. Can you find the names of:

1. the capital of Quebec ....Nontereal..........
2. the airport at Montreal ....l'aeroport..........
3. the airline ....
4. a radio station ....
5. a church ....
6. a monument in Jacques Cartier square ....
7. a famous sports centre ....
8. a sport like tobogganing ....
9. a river ....

B

Look at the pictures. Choose the right word (a or b) to go with each picture. *Underline the word you choose.*

1.

a. le métro
b. un mètre

4.

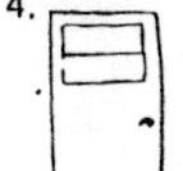

a. sortie
b. sorte

2.

a. un aéroport
b. un appartement

5.

a. une église
b. une école

3.

a. la porte
b. le port